Triunfa

Estimula la Creatividad, Supera los Obstáculos y Libera Tu Potencial

Dan Desmarques

22 Lions

Triunfa: Estimula la Creatividad, Supera los Obstáculos y Libera Tu Potencial

Escrito por Dan Desmarques

Copyright © 2024 por Dan Desmarques. Todos los derechos reservados.

Ninguna parte de esta publicación puede ser reproducida o transmitida de ninguna forma o por ningún medio, electrónico o mecánico, incluyendo fotocopia, grabación o cualquier sistema de almacenamiento y recuperación de información conocido o inventado en el futuro, sin el permiso escrito del editor, excepto por un crítico que desee citar breves pasajes en relación con una reseña escrita para su inclusión en una revista, periódico o emisión.

Índice

Introducción	VII
1. Capítulo 1: Convertir los retos en triunfos	1
2. Capítulo 2: Reconocer la fuerza de la vulnerabilidad	5
3. Capítulo 3: Abrazar lo desconocido	9
4. Capítulo 4: Superar la procrastinación	13
5. Capítulo 5: Prosperar en un mundo cambiante	17
6. Capítulo 6: Aceptar la diversidad	23
7. Capítulo 7: Entender el papel de los mentores	27
8. Capítulo 8: Cultivar la inspiración	31
9. Capítulo 9: Aprovechar la singularidad	35
10. Capítulo 10: Aprovechar el poder de las imágenes mentales	39
11. Capítulo 11: Crear un legado	43
12. Capítulo 12: Aceptar el fracaso	47
13. Capítulo 13: Dar prioridad a la conexión emocional	51
14. Capítulo 14: Cultivar el bienestar mental	55

15. Capítulo 15: Abrazar el minimalismo 59
16. Capítulo 16: Construir los cimientos de la abundancia 63
17. Capítulo 17: Expandir la conciencia 67
18. Capítulo 18: Encontrar la luz en la oscuridad 71
19. Capítulo 19: Aceptar la intervención divina 79
20. Solicitud de Reseña de Libro 81
21. Sobre el autor 83
22. También escrito por el autor 85
23. Acerca del editor 91

Introducción

Embárcate en un extraordinario viaje de transformación y empoderamiento con Triunfo: estimula la creatividad, supera los obstáculos y libera tu potencial. En este libro cautivador, explorará el reino ilimitado de la creatividad y la innovación que le impulsarán a un crecimiento y un éxito sin precedentes. A través de una mezcla de historias inspiradoras, ideas estratégicas y consejos prácticos, Triunfa desafiará tus percepciones y elevará tu forma de pensar a nuevas cotas. Sumérgete en las profundidades del autodescubrimiento y la búsqueda incesante de la excelencia mientras desatas tu genio creativo interior y aprovechas el poder de tu potencial. Con un énfasis en la introspección, la empatía y la búsqueda incesante del conocimiento, este libro le permitirá afrontar los retos de la vida con un valor inquebrantable. Descubra un cúmulo de sabiduría sobre la perseverancia, la confianza en uno mismo y la búsqueda de la verdad mientras se embarca en un viaje de autorrealización y crecimiento personal. Explore las extraordinarias posibilidades que yacen más allá del sentido común y entre en un mundo donde los límites se rompen y su potencial no conoce fronteras, una vida de florecimiento más allá de la imaginación.

Capítulo 1: Convertir los retos en triunfos

Los retos suelen aparecer como invitados inesperados que ponen a prueba nuestra determinación, pero la resiliencia no es sólo la capacidad de soportar las dificultades; es el poder transformador de prosperar ante la adversidad, de superar los contratiempos y resurgir más fuerte y sabio que antes.

La esencia de la resiliencia está tejida con hilos de coraje, perseverancia y una fe inquebrantable en tu capacidad para capear las tormentas de la vida.

En medio de una tormenta de desafíos, la verdadera prueba de la resiliencia reside en elegir afrontar la adversidad con voluntad de crecer.

Cada obstáculo, cada revés y cada dificultad se convierten en un trampolín hacia un futuro más brillante y gratificante, que conduce a un camino de innovación y crecimiento personal. Aceptar la adversidad como catalizador del cambio nos permite trascender nuestras limitaciones, abrazar la incertidumbre y crear una vida de esperanza inquebrantable.

Nos hacemos más fuertes a partir de nuestros retos, pero sólo si somos capaces de pensar más allá de sus ilusiones.

El empoderamiento personal está estrechamente vinculado a la imagen que tenemos de nosotros mismos y al desarrollo de nuestra fuerza de voluntad. Sólo podemos hacer lo que sabemos que podemos hacer, y eso significa comprender tanto nuestros puntos fuertes como nuestros puntos débiles, porque si nuestros puntos fuertes nos muestran dónde tenemos más probabilidades de tener éxito, nuestros puntos débiles nos muestran qué necesitamos mejorar.

Comprender que los pensamientos y las creencias pueden moldear nuestras percepciones, emociones y acciones nos lleva a ser conscientes de cómo pueden afectarnos los pensamientos que ocupan nuestra mente y de la importancia de aprender a controlarlos y redirigirlos para influir en nuestras experiencias y moldear nuestra realidad. Mediante prácticas como la meditación y la autorreflexión, podemos dominar nuestros procesos mentales y cultivar una mentalidad positiva y empoderadora.

Asumir la responsabilidad de nuestros pensamientos, emociones y acciones para crear un cambio positivo y lograr el crecimiento personal requiere disciplina y un fuerte sentido del propósito. Empoderarse significa aceptar los retos y, al mismo tiempo, dar pasos proactivos hacia la superación personal y el éxito.

Mientras que las creencias limitantes y los patrones de pensamiento negativos pueden obstaculizar el crecimiento personal y el éxito, las creencias potenciadoras y las afirmaciones positivas pueden desbloquear el potencial oculto y allanar el camino hacia la transformación.

Al reprogramar tus creencias mediante prácticas conscientes, puedes liberarte de las limitaciones autoimpuestas y aprovechar tu verdadero potencial.

Si cultivas una mentalidad disciplinada, podrás comprometerte con tus objetivos, superar los obstáculos y mantenerte alineado con tus aspiraciones.

Establecer intenciones claras, crear planes de acción y mantener el compromiso con el desarrollo personal son aspectos fundamentales para empoderarte y lograr los resultados que deseas. Lo que te dices a ti mismo es tan importante como lo que haces y lo que necesitas creer.

Tus afirmaciones deben estar alineadas con tus acciones y tus acciones con tus deseos. No debe utilizar las afirmaciones diarias como un medio para sustituir los pensamientos negativos, sino como un medio para aumentar su enfoque en sus acciones.

Las afirmaciones deben tener como objetivo mantener un curso de acción disciplinado y moldear el yo ideal en el que necesitas convertirte para llegar a donde quieres estar.

Nunca lograrás nada en el futuro con la mentalidad y la personalidad del yo actual, del mismo modo que el yo actual se formó en torno a las creencias del yo pasado. Ni siquiera sabes quién eres hasta que empiezas a controlar la identidad que quieres tener y, hasta ahora, no has sido más que una construcción de la mente de otras personas.

Eres lo que otros quieren que seas y nada más y, por esta razón, a medida que cambies, muchas personas de tu vida empezarán a desaparecer o a reclamar que has cambiado, como si esto fuera algo negativo, porque lo es, pero para ellos, no para ti. No les gusta la idea de verte cambiar porque significa que tendrán que ajustar la idea que tienen de ti y eso nunca ocurrirá. Prefieren perderte.

Capítulo 2: Reconocer la fuerza de la vulnerabilidad

Ante los retos, los fracasos y los contratiempos, quienes consiguen recuperarse, aprender de sus experiencias y ajustar sus estrategias tienen más probabilidades de triunfar a largo plazo.

Adoptar una mentalidad de crecimiento, ver los obstáculos como oportunidades de aprendizaje y crecimiento y mantener una actitud positiva son esenciales para desarrollar la resiliencia y promover el empoderamiento personal.

Este camino requiere dedicación y compromiso con el crecimiento, pero alineándonos con una intención decidida y emprendiendo acciones inspiradas, podemos crear un ciclo positivo de manifestación. Quienes cultivan una mentalidad positiva y orientada a la abundancia están mejor equipados para atraer oportunidades y crear una realidad que se alinee con sus deseos.

Cuando establecemos intenciones claras, imbuidas de pasión y creencia, enviamos poderosas señales energéticas al Universo, indicando nuestra disposición a recibir lo que deseamos. Al alinear nuestros pensamientos, emociones y acciones con nuestros objetivos, podemos acelerar el proceso de manifestación y atraer el éxito.

Los más comprometidos siempre superan los momentos más difíciles y pasan por suficientes experiencias como para encontrar el éxito.

Si podemos tomar decisiones conscientes que estén en consonancia con nuestros valores y creencias fundamentales, podemos crear una vida con sentido, realización y abundancia en todos los ámbitos. La clave está en reconocer la capacidad de crear nuestra propia realidad, siendo fieles a nuestros deseos y adoptando una mentalidad de abundancia y posibilidad.

Mediante la integración armoniosa de la intención, la acción y la creencia, podemos abrir las puertas del éxito.

Podemos sentir miedo y dudar de nuestras cualidades en el camino, pero todo miedo se disipa con la sabiduría. Ser sabio es conocer los riesgos y las incertidumbres que nos acechan, pero elegir seguir adelante con determinación y valentía. Lo haces porque puedes reconocer tus miedos, comprender sus raíces y tomar medidas proactivas para afrontarlos y superarlos.

La verdadera valentía proviene de un compromiso inquebrantable con el crecimiento personal, mientras que el miedo suele tener su origen en experiencias pasadas, influencias sociales y conflictos internos.

Al abordar las causas subyacentes del miedo y reformular las creencias negativas, puedes reducir gradualmente el poder que el miedo tiene sobre tus pensamientos y acciones.

Una lección importante para cultivar el valor es reconocer que el miedo suele conducir a la discriminación, la arrogancia y la ignorancia. Cuando las personas permiten que el miedo dicte sus pensamientos y su comportamiento, pueden caer en un patrón de juicio, prejuicio y cerrazón hacia sí mismas y hacia quienes intentan cambiar sus vidas.

Por eso, las personas que más intentan detenerte son las más temerosas, las más débiles y las más envidiosas. Todas las personas que han intentado impedirme que escriba libros, o que me han dado consejos que podrían llevarme al fracaso como escritor, han sido personas que han fracasado como escritores o que ni siquiera han conseguido escribir un solo libro.

Superar el miedo significa liberarse de estos ciclos negativos y fomentar la compasión, la empatía y la apertura mental hacia uno mismo y hacia los demás, sabiendo que la negatividad procede de personas que han abrazado el fracaso en sus vidas y quieren que tú hagas lo mismo.

Nunca se tiene tanto miedo como ignorancia, así que sólo puedes aceptar opiniones ignorantes escuchando a quienes temen tu éxito.

Es más fácil ignorar las voces de la duda, la envidia y el desprecio cuando entiendes que proceden de un lugar de debilidad e ignorancia.

Capítulo 3: Abrazar lo desconocido

La fe te permite confiar en lo desconocido y perseverar ante los retos.

La relación entre fe y perseverancia es esencial para mantener una actitud positiva y seguir centrado en los objetivos a pesar de los contratiempos. Al cultivar la fe en nosotros mismos y en el universo, podemos aprovechar la fuerza interior necesaria para afrontar las incertidumbres de la vida con valentía y determinación.

Siempre aprendemos más de las situaciones que no intentamos controlar, como las oportunidades que pueden llevarnos en muchas direcciones, pero de las que debemos aprender después de aceptarlas, no antes. Debes centrarte en el proceso y en tu objetivo, no en el resultado.

Mucha gente cree que necesita saber algo para hacer algo, pero a menudo resulta que todo el mundo sólo racionaliza un tema y sabe muy poco sobre él. Incluso la ciencia fracasa constantemente en el estudio de los fenómenos sociales debido a las muchas variables que son imposibles de controlar o predecir.

La ciencia sólo es tan buena como el nivel consciente y cognitivo de los científicos, lo que significa que a medida que la humanidad evolucione hacia estados superiores de conciencia, surgirán nuevas preguntas, se encontrarán nuevas posibilidades y surgirán estudios científicos más interesantes.

Por ahora, todo lo que sabemos es lo que creemos saber, y eso es muy poco, casi nada en el campo de las posibilidades.

Siempre se aprende más aceptando la propia ignorancia de los procesos que conducen al conocimiento, y eso significa aceptar el hecho de que cualquiera puede, sencillamente, estar equivocado. Y aunque pueda parecer arrogante hacer esto, es aún más arrogante asumir que la mayoría tiene razón y luego considerar que tu punto de vista es el único válido.

Por eso las personas humildes y honestas suelen ser consideradas arrogantes cuando hacen exactamente lo contrario, aceptar que todo el mundo podría estar completamente equivocado sobre algo. Hace falta valor para adentrarse en lo desconocido, y te verán como egoísta y arrogante si lo haces, pero no eres egoísta si te quieres lo suficiente como para elegir un nuevo camino para tu vida y no eres arrogante si haces preguntas que cuestionan la validez de los valores que el mundo venera. Hay más cosas que aprender si cuestionas tu propia existencia y todo lo que crees que es verdad.

El conocimiento, aunque a menudo se percibe como una valiosa herramienta de aprendizaje y crecimiento, también puede actuar como un velo que oscurece verdades más profundas e impide la verdadera sabiduría. La ilusión del conocimiento reside en la suposición de que la acumulación de información equivale a sabiduría, cuando en realidad la sabiduría trasciende la mera capacidad intelectual.

La búsqueda del conocimiento sin comprensión puede conducir a una falsa sensación de seguridad y a la ceguera ante los misterios más profundos de la existencia.

La verdadera sabiduría, en cambio, procede de una comprensión holística de uno mismo, de los demás y de la interconexión de todas las cosas. Implica introspección, empatía y una búsqueda constante de significados más profundos más allá del nivel superficial de conocimiento.

La sabiduría no puede adquirirse únicamente a través de fuentes externas o de búsquedas académicas; debe cultivarse internamente mediante la introspección, la experiencia y la reflexión.

La ilusión de que la sabiduría puede obtenerse a través de validaciones externas o construcciones sociales se hace añicos cuando uno se da cuenta de que la verdadera sabiduría surge de un lugar de autenticidad y conocimiento interno relacionado con la experiencia personal.

La sabiduría exige superar las ilusiones del conocimiento, las expectativas de la sociedad y los prejuicios personales para descubrir verdades universales. Requiere humildad, apertura y voluntad de abrazar lo desconocido con curiosidad.

A través de la sabiduría, ampliamos nuestra conciencia y cultivamos una conexión más profunda con la esencia de la vida. Al distinguir entre el conocimiento adquirido y la verdadera sabiduría, podemos embarcarnos en un viaje transformador hacia la iluminación.

Capítulo 4: Superar la procrastinación

La compasión desempeña un papel importante en la búsqueda de un futuro seguro. Donar una parte de tus ingresos para ayudar a los necesitados no sólo fomenta el sentido del altruismo, sino que también refuerza la sensación de abundancia. Devolver no sólo beneficia a los demás, sino que también crea un flujo positivo de energía y abundancia en tu propia vida.

Cuando las decisiones y las acciones son coherentes con la integridad personal y la bondad, podemos allanar el camino hacia un futuro armonioso y próspero.

Además, buscar la alegría en las actividades diarias y alinear las acciones con las pasiones personales conduce a una sensación de plenitud. Combinando los compromisos personales con actividades que aportan alegría, podemos dirigir nuestras vidas hacia un futuro gratificante y satisfactorio.

La compasión y la amabilidad en nuestra vida diaria también pueden ayudarnos a superar la procrastinación, que se produce cuando luchamos contra la falta de motivación o la dificultad para completar tareas. La procrastinación provoca un aumento del estrés, una disminución de la productividad y sentimientos de culpa o inadecuación.

Una de las principales razones por las que las personas no consiguen alcanzar sus objetivos es la procrastinación, pero ésta tiene más que ver con el miedo al cambio que con la necesidad de permanecer en nuestra zona de confort.

Abrazar el cambio significa adentrarse en lo desconocido con la mente y el corazón abiertos, y este proceso puede resultar extremadamente desalentador para muchas personas, precisamente porque quieren mejorar sus vidas manteniendo el statu quo en lugar de revisar por completo su existencia.

Cuando leo las reseñas de los libros de los lectores, esto queda muy claro, porque mientras algunos dicen que les encantaron los libros porque les aseguraron que iban por el buen camino, otros se sintieron frustrados e incluso enfadados al darse cuenta de que necesitaban cambiar antes de poder conseguir los resultados que querían en sus vidas.

En ambos casos, sin embargo, los lectores parten de una premisa falsa: la idea de que sus vidas deben ajustarse a sus creencias, cuando en realidad no tiene nada que ver. La vida es lo que es, y seguirá funcionando según sus propias leyes, nos guste o no, y por tanto un autor no es más que un intérprete de esta realidad.

Cuando alguien lee un libro, debe mirar la interpretación con una mente inquisitiva, en lugar de buscar garantías para su visión egoísta de la vida.

La forma correcta de ver un libro es como una herramienta de supervivencia, porque aprendes a considerar nuevas posibilidades, no sólo a seguir a alguien.

Personalmente, nunca he escrito un solo libro para ganar admiración y popularidad, como muchos autores que he conocido, sino porque quiero ver a la gente triunfar, a ser posible con integridad, honradez y amabilidad. Necesitamos más de estas cualidades en el mundo, y menos codicia, menos egoísmo y menos crueldad en el mundo. Pero aunque no puedo controlar esto, lo que sí puedo hacer es ayudar a quienes necesitan respuestas a encontrarlas.

Encontrar respuestas implica buscar el cambio, así que no se trata tanto de lo que comparto, sino de cuánto puede aprender la gente de ello. No me complacen quienes dicen que adoran mis libros porque reconfortan su visión de la vida, sino que me decepcionan porque significan que no puedo ir más allá del sentido común.

En cuanto a los que rechazan mis libros porque no confirman sus puntos de vista, sólo puedo sentir lástima por ellos porque están demasiado lejos de la verdad para ofenderme con sus insultos.

Teniendo en cuenta que he sido profesor de escritura académica y asesor educativo de algunas de las mejores universidades e instituciones educativas del mundo, insultar mis conocimientos es insultarse a uno mismo.

Aunque, obviamente, no siempre tengo razón, como cualquier otra persona con cerebro humano, sin duda estoy más cerca de la verdad que cualquier otra persona que sólo tenga una opinión, pero qué cerebro tan miserable debe tener una persona que no puede distinguir los hechos de las opiniones.

Desgraciadamente, la mayoría de la gente se encuentra en esta fase, no sólo estúpida, sino incapaz de pensar, lejos de entender el sentido común y, como resultado, asociando el sentido común con la iluminación.

Estas personas piensan que tener un nivel normal de inteligencia las convierte en iluminadas, pero no es cierto, y la inteligencia sólo las califica.

Cuando la mayoría de la gente me llama inteligente porque simplemente sé más que ellos, les digo que lean más si quieren alcanzar el mismo nivel, porque la inteligencia no tiene nada que ver con lo que sabes. La verdadera inteligencia viene de la capacidad de comprender, y eso requiere pensar, pero pensar no es sólo algo que se hace con el cerebro, requiere todo un proceso de autocuestionamiento y análisis de los juicios personales sobre la realidad.

Esto se hace comparando las creencias con las pruebas y los hechos.

Capítulo 5: Prosperar en un mundo cambiante

Aunque la mayoría de las personas están muy lejos de comprender las verdades absolutas y creen que relativizarlas les hace parecer más inteligentes, la verdadera inteligencia procede del pragmatismo, es decir, de la capacidad de contrastar tus opiniones y pensamientos con la realidad para ver cuáles son eficaces y duran más.

Esto es fácil de hacer cuando se mira a las finanzas, porque o se tiene éxito o no se sobrevive.

A menudo fracasamos no por falta de planificación, sino porque nos negamos obstinadamente a abandonar la familiaridad y la comodidad en favor de nuevas experiencias y oportunidades. El cambio es una fuerza constante en la vida, y quienes se resisten a él suelen estancarse en patrones estancados, perdiéndose el crecimiento y el aprendizaje que conlleva la transformación.

El cambio exige convertirse en alguien nuevo, y esta transformación conlleva cambios profundos a nivel holístico.

Implica dejar ir viejas creencias, comportamientos y patrones de pensamiento que ya no te sirven y adoptar nuevas formas de ser que se alineen con tu auténtico yo.

La rigidez y la resistencia al cambio pueden ahogar el crecimiento personal y limitar la capacidad de prosperar en un mundo en constante evolución.

El conocimiento de uno mismo es otro aspecto fundamental para aceptar el cambio y la transformación. Comprender tus valores, deseos y limitaciones es esencial para navegar por el camino del crecimiento personal. El conocimiento de uno mismo nos obliga a tomar decisiones conscientes, fijar objetivos significativos y alinear nuestras acciones con nuestro auténtico yo.

Sólo eres tan bueno como lo que has desarrollado en tu interior, pero sólo puedes llegar tan lejos como te lo permita tu mente. Aferrarse al pasado, incluidos nuestros traumas, o a las zonas de confort y la necesidad de aferrarse a la familia y los amigos, o incluso a la ciudad y lo que ofrece en términos de realización emocional, puede impedir el crecimiento personal e inhibir el flujo natural de la vida.

Al soltar los apegos y entregarse al proceso de cambio, creamos espacio para nuevas oportunidades, experiencias y relaciones. Todo empieza con lo que estás dispuesto a dejar. Cuanto más puedas ofrecer a los demás, o simplemente desprenderte de tus posesiones, más fácil te resultará liberarte de tu entorno y tus recuerdos actuales.

Recuerda esto cuando planees viajar, porque el equivalente a una maleta es todo lo que deberías necesitar en tu vida si quieres tener la flexibilidad mental para cambiar siempre que sea necesario y buscar las oportunidades que la vida te ofrece en cada rincón del planeta. Así es como abrazas la belleza y la riqueza del paisaje siempre cambiante de la vida.

Todo lo que se te presenta puede adquirirse con paciencia, dedicación y estudio y análisis constantes.

Mediante el compromiso con el aprendizaje, puedes adquirir habilidades, mejorar las que ya tienes y perseguir tus objetivos con determinación. Todas las personas que han cambiado persiguiendo una vida que antes era sólo un sueño han tenido que aprender algo primero, ya sea aprender a navegar para vivir en su propio yate cerca de las islas españolas, italianas o griegas, adquirir conocimientos de enseñanza para convertirse en profesor de inglés en Tailandia o incluso aprender a ser asistente de marketing online para empresas que necesitan promocionar sus productos.

Hay muchos cursos en línea que pueden enseñarte gratis. Mientras recuerdes la importancia de la responsabilidad personal y de rendir cuentas, y lleves siempre contigo un diccionario para que no se te escapen las palabras que no entiendas, nada podrá detenerte.

Asumiendo la responsabilidad del proceso de aprendizaje y fijando objetivos concretos, puedes adaptar tu itinerario educativo a tus mayores aspiraciones.

Los alumnos autodidactas de éxito reconocen el valor de la superación continua y la adaptabilidad. Entienden que el aprendizaje es un viaje que dura toda la vida y que adquirir nuevos conocimientos y habilidades es esencial para el crecimiento personal y profesional.

Adoptando una mentalidad de crecimiento y permaneciendo abiertos a nuevas oportunidades, los alumnos autodirigidos pueden afrontar los retos con resiliencia y determinación, al tiempo que desarrollan el pensamiento crítico, la capacidad de resolución de problemas y la creatividad.

Los alumnos autónomos buscan activamente información, analizan diversas perspectivas y aplican soluciones innovadoras a problemas del mundo real. Este enfoque fomenta la curiosidad intelectual, el pensamiento independiente y la capacidad de pensar con originalidad para superar los obstáculos.

También dan prioridad a la autorreflexión y a la retroalimentación como componentes esenciales de su proceso de aprendizaje. Evaluando su progreso, identificando áreas de mejora y buscando comentarios constructivos de mentores o compañeros, pueden mejorar continuamente sus conocimientos y habilidades.

El aprendizaje autodirigido nos anima a utilizar diversos recursos y tecnologías para apoyar nuestros esfuerzos educativos. Ya sea a través de cursos en línea, libros, podcasts o programas de tutoría, disponemos de una amplia variedad de herramientas para mejorar nuestra experiencia de aprendizaje y ampliar nuestra base de conocimientos.

Adoptando la autonomía, la responsabilidad, el aprendizaje continuo, el pensamiento crítico y el ingenio, podemos cultivar una mentalidad de éxito y realización.

Capítulo 6: Aceptar la diversidad

Cuanto más aprendas, más inteligente y eficiente serás. Nunca se lee ni se estudia demasiado.

Todo lo que aprendes se convierte en parte de ti y cambia tu destino, y está demostrado que los que más saben tienen más probabilidades de triunfar.

Leer y estudiar puede mejorar tu capacidad para aprovechar nuevas oportunidades y acelerar tu potencial para hacer realidad tus sueños. La exposición a diferentes perspectivas estimula el pensamiento crítico y una visión más amplia de la vida, al tiempo que nos invita a cuestionar nociones preconcebidas y a comprometernos con puntos de vista que pueden ser diferentes de los nuestros.

Una visión limitada de la humanidad, o la idea de que algunas personas son mejores que otras, conduce a la ignorancia y a una visión cerrada de la vida, que lleva al estancamiento. Al exponerte a una amplia gama de puntos de vista, puedes inspirarte en diferentes culturas, tradiciones e ideologías.

Cuanto más aprendas de otras personas y a través de ellas, de sus puntos de vista, valores, perspectivas y bagajes culturales, más aprenderás sobre ti mismo. De este modo, estarás mejor preparado para responder proactivamente a los retos de la vida, en lugar de estar a merced de las circunstancias.

Esta autonomía cultiva la inteligencia emocional y te permite comprender mejor tu papel como ciudadano del mundo y más allá de las fronteras de tu nación.

El concepto de despertar a tu verdadero yo es un viaje transformador que consta de cuatro etapas: victimización, empoderamiento, rendición y acción. Desde reconocer las influencias sociales en la propia identidad hasta darse cuenta de las propias capacidades y entregarse a un propósito mayor, el camino del despertar implica afrontar los retos con pasión e intención.

La primera etapa en la que se encuentra la mayoría de la gente se denomina victimismo, porque procede de un estado de pasividad y aceptación de lo conocido. En esta etapa, las personas forman su identidad con su entorno, fusionando sus deseos con los de los demás y convirtiéndose en nada más que un reflejo de sus propias circunstancias.

El empoderamiento surge como una actitud hacia el aprendizaje y el autodescubrimiento, a medida que la persona avanza hacia la adquisición de conocimientos que pueden conducir al desarrollo de habilidades.

Muchos confunden esta etapa con ir a la escuela y obtener un título universitario, pero una institución estatal nunca te permitirá desarrollar una identidad que escape a las normas y expectativas convencionales. De hecho, es más probable que el sistema educativo te predisponga al fracaso por defecto.

Cuando era profesor, los alumnos criticaban mis métodos porque eran poco convencionales: no utilizaba libros de texto ni les obligaba a memorizar. En cambio, les ofrecía historias de la vida y muchas imágenes a través de un proyector que estimulaban su capacidad de pensar y les hacían cuestionarse su realidad. Pero la mayoría de los profesores tampoco estaban satisfechos con esto, aunque a menudo me pedían que les enseñara métodos de enseñanza.

Los resultados de esta diferenciación entre mis métodos, que estimulaban la curiosidad, y los de los demás profesores, que reforzaban la normalización de los patrones sociales, se verían años más tarde, cuando los alumnos que siguieron los métodos convencionales se volvieron infelices e insatisfechos con sus vidas, a menudo luchando por mantener un trabajo o conseguir un buen sueldo, mientras que los que aprendieron conmigo crearon empresas de éxito o encontraron el trabajo de sus sueños y, en muchos casos, un trabajo que parecía lejos de su alcance, como en el caso de un alumno que ahora trabaja para un equipo de fútbol en Inglaterra u otro que se convirtió en profesor en Estados Unidos.

Es realmente triste darse cuenta de que los que más pueden hacer por la sociedad son los más criticados e ignorados, pero como he visto esto toda mi vida, no dejé que me molestara, me limité a escribir sobre lo que los alumnos no consideraban importante, y mientras construía mi carrera como escritor.

Los alumnos se rieron de mí cuando les dije que no les daría más clase porque había decidido convertirme en escritor, y ahora debería reírme de ellos cuando dicen que me envidian y que les gustaría tener mi estilo de vida, pero no puedo reírme de ellos porque sólo puedo sentir lástima por ser tan estúpidos y hacerme perder el tiempo.

Capítulo 7: Entender el papel de los mentores

De vez en cuando, conocemos a personas en nuestras vidas que pueden cambiar la dirección de nuestro destino. Este fue el caso de muchas personas que me conocieron y reorientaron su camino hacia aspiraciones más elevadas, como los estudiantes universitarios que se inspiraron en mis métodos, los niños con dificultades de aprendizaje a los que convertí en genios y que, en muchos casos, ahora son licenciados universitarios, o los empresarios que se hicieron más ricos aplicando las estrategias que les recomendé.

A pesar de las muchas personas horribles que he conocido en mi vida, también ha habido algunas que me han llenado de esperanza y, sin ellas, quizá ni siquiera estaría vivo hoy. A veces fue la limpiadora del dormitorio la que me inspiró con sus palabras de ánimo cuando mi vida parecía desesperada, y otras veces fue un compañero de clase popular el que grabó en mi cerebro una idea que nunca olvidaré. Incluso el médico indio que visité en Benarés me inspiró con sus palabras cuando yo sólo quería que me curara de una enfermedad.

Nunca sabemos quién nos ayudará más, pero muchas personas pueden ayudar, y es más fácil identificarlas si no las juzgamos. Mucha gente juzga la capacidad de los demás por su aspecto, procedencia, color y elocuencia, pero qué desgracia es perder la oportunidad de aprender.

Recuerdo que un vecino griego que conocí unos días antes de dejar la isla de Quíos me dijo que ojalá nos hubiéramos conocido antes. Estaba muy entusiasmado con nuestra conversación, que surgió por casualidad cuando le hice una pregunta sobre la ciudad. Pero antes de ese día, me había menospreciado por ser racista. Incluso lo admitió durante nuestra conversación.

Entonces, ¿por qué esperaba este hombre que yo quisiera hablar con él? Su actitud le estaba haciendo infeliz, su negocio iba mal durante los meses que viví al lado de su tienda y, cuando vio los títulos de mis libros, se arrepintió de no haberme encontrado antes, porque para entonces llevaba mucho tiempo fracasando y había decidido vender la tienda para buscar trabajo.

Profesores, entrenadores, mentores e incluso los desconocidos que conocemos desempeñan un papel importante en la configuración de nuestro paradigma y nuestras aspiraciones, pero sólo si somos capaces de verlos más allá de sus apariencias y de nuestras expectativas.

El dicho de que el maestro aparece cuando el alumno está preparado se aplica en estos casos, porque nadie que sea racista o discrimine a las personas por su trabajo aprenderá nunca nada. Dios se asegura de que sólo aparezcan en su realidad las personas a las que desprecian, para que fracasen y traigan sobre sí un karma negativo a través de sus propias acciones.

El karma es siempre un castigo autoimpuesto y lo he visto muchas veces con muchas personas, porque siempre es la actitud que tenemos hacia los demás lo que causa el karma. Aquellos que no merecen lo que quieren siempre se lo quitan a sí mismos cuando faltan al respeto a las personas que tienen las respuestas y aparecen en sus vidas.

Puedes observar este fenómeno en la vida de muchas personas, y también es recomendable leer sus memorias. Estudiando a las personas de éxito y absorbiendo sus principios y mentalidad, puedes alinearte con su visión del crecimiento personal y el éxito.

Comprendiendo el equilibrio entre ego y conciencia, puedes afrontar los retos de la vida, tomar decisiones conscientes y alinearte con tu verdadera naturaleza.

La búsqueda de la paz interior implica aceptar la impermanencia de la vida y abrazar el momento presente con atención plena. Cultivando una mentalidad de gratitud por las bendiciones de la vida, puedes cambiar tu enfoque de la escasez a la abundancia y de la negatividad a la positividad.

Al dar prioridad a prácticas de autocuidado como la meditación, las técnicas de relajación, los hábitos saludables y la búsqueda de apoyo cuando sea necesario, puedes cultivar una sensación de armonía interior que atrae mejores relaciones y te ayuda a alinear tus pensamientos y actitudes con los de las personas que necesitas conocer.

Encuentro mentores allá donde voy y, en todos los casos, son empresarios o personas influyentes de algún tipo. La forma en que nos conocemos es siempre aleatoria y empieza con una simple conversación, pero la empatía y el respeto que les muestro les permite abrirse más, invitarme a una conversación más profunda, y se aprende mucho en unas pocas horas a través de estos sencillos encuentros.

Siempre es más fácil conocer a gente mejor cuando no guardas rencor a quienes te han hecho daño.

Capítulo 8: Cultivar la inspiración

Cuando buscamos estar en armonía con el mundo, encontramos en la naturaleza una forma de recargar nuestro sentido de pertenencia. La alineación con la naturaleza aporta multitud de beneficios que abarcan el bienestar físico, mental, emocional y espiritual.

La alineación con la naturaleza promueve una sensación de enraizamiento y vitalidad al reconectar con los elementos y ritmos de la tierra.

Pasar tiempo en entornos naturales, ya sean bosques, montañas u océanos, permite recargar las pilas, encontrar consuelo y rejuvenecer el espíritu.

Los momentos más relajantes que puedes encontrar están siempre en conexión con la naturaleza, cuando estás descalzo sobre la tierra, tocando las frecuencias naturales, captando la luz del sol, abrazando las energías vitales de este cuerpo cósmico y alineándote con la frescura del aire matutino.

El mejor momento para estar al aire libre es por la mañana temprano, antes y durante el amanecer. Cada amanecer debería ser una celebración de tu existencia y sus colores deberían inspirarte a hacer más.

Necesitas los colores y aromas del mundo para inspirarte, y necesitas esta inspiración para ser creativo. Es a través de la inspiración como exploras nuevas ideas, perspectivas y soluciones.

Combinando la inspiración y la creatividad con un esfuerzo diligente, puedes salvar la distancia entre las posibilidades imaginativas y los resultados tangibles.

Cuando adoptas tu naturaleza única y tus puntos fuertes en la búsqueda de la creatividad, comprendes tus talentos, inclinaciones y pasiones inherentes para maximizar el impacto de tus esfuerzos dedicados.

Al alinear su trabajo con sus intereses personales y sus puntos fuertes, puede canalizar sus energías de forma eficaz, lo que se traduce en una mayor productividad, satisfacción y éxito en sus esfuerzos.

Mantener viva la llama de la inspiración mediante el aprendizaje continuo, la exposición a nuevas experiencias y la búsqueda de perspectivas diversas alimenta el proceso creativo y mantiene la motivación ante los retos. Una combinación de creatividad y trabajo duro puede superar obstáculos, superar límites y lograr resultados notables.

La sinergia entre creatividad y trabajo duro te impulsa hacia la excelencia y la realización de tus aspiraciones en un mundo en el que la imaginación y la diligencia convergen para dar forma a un futuro más brillante.

Para triunfar con la máxima eficacia, la aplicación de fórmulas es la clave para liberar todo el potencial y lograr los resultados deseados. Estas fórmulas encapsulan principios y estrategias esenciales desarrollados por personas con vasta experiencia y nos guían hacia el éxito proporcionando caminos estructurados a seguir y pasos procesables para poner en práctica en diversos aspectos de la vida.

Puede reflexionar fácilmente sobre las intenciones de los demás reflejando sus palabras, emociones y actitudes, y aprender a distinguir entre las mentes que se han preparado para el éxito y las que se han preparado para el fracaso. Al observar las acciones y las expresiones de los demás, puedes comprender mejor sus motivos subyacentes, sus rasgos de carácter y sus valores.

La idea de que el mayor desafío de la vida proviene de fuerzas externas que tratan de impedir el progreso subraya la importancia de la determinación frente a la adversidad, pero aunque los obstáculos externos pueden plantear retos formidables, mantener una mentalidad inspirada y una creencia inquebrantable en las propias capacidades es esencial para superar los obstáculos y alcanzar el éxito.

El pensamiento estratégico y la inteligencia emocional nos permiten aprovechar las oportunidades y manifestar los resultados deseados. Reflejando los comportamientos de las personas de éxito y afrontando los obstáculos con inspiración, podemos cultivar una mentalidad que nos lleve al éxito en diversas facetas de la vida.

Capítulo 9: Aprovechar la singularidad

Ahora sabemos que la suerte no es tanto algo que nos sucede, sino una circunstancia o resultado que creamos a partir de una intención predispuesta durante un periodo de tiempo y que se materializa en el momento adecuado.

La suerte puede manifestarse de muchas maneras, como descubrimientos inesperados que abren puertas que nos acercan a nuestros objetivos.

Abrazar la suerte significa permanecer abierto a las posibilidades, aprovechar los momentos favorables y reconocer las oportunidades que pueden surgir inesperadamente.

Mientras que la persistencia proporciona la base para un esfuerzo continuo, la suerte introduce elementos de azar y serendipia que pueden catalizar el progreso y acelerar el éxito. Cultivar una actitud positiva, fomentar el optimismo y adoptar una mentalidad de crecimiento puede mejorar la receptividad a las oportunidades y aumentar la probabilidad de que surjan imprevistos.

Si afrontamos los retos creyendo en el poder de las posibilidades, podemos aprovechar la sinergia entre la persistencia y la suerte para acercarnos a los resultados deseados.

La suerte, la positividad y la imaginación se encuentran a menudo en los mismos patrones de pensamiento, porque sólo puedes encontrar lo que has previsto en tu propia mente. Los demás permanecen ciegos a la suerte porque no han sido lo suficientemente imaginativos sobre sus posibilidades.

La imaginación es la puerta de entrada para explorar posibilidades ilimitadas, imaginar nuevos conceptos y desarrollar soluciones innovadoras a los retos. Cultivando y ampliando la imaginación, podemos acceder a una vasta reserva de potencial creativo, trascender los límites convencionales y crear posibilidades únicas y visionarias.

Usamos la imaginación cuando visualizamos posibilidades en un futuro hipotético que queremos manifestar como si ya estuviéramos allí, como un viajero en el tiempo. Al hacerlo, creas un nuevo conjunto de vías neurológicas que te conducen a formas de pensar nuevas y originales, al tiempo que refuerzan tu confianza en ti mismo.

Creer en tu visión alimenta el proceso creativo y nos permite superar las dudas y otros obstáculos. Cultivar un fuerte sentimiento de confianza en uno mismo nos permite confiar en nuestros instintos, asumir riesgos creativos y canalizar nuestras pasiones más íntimas en creaciones tangibles.

Podemos verlo en los muchos genios de la música que, al sumergirse en el intrincado tapiz de la creación musical, cultivan una profunda conexión con su arte y desbloquean nuevas dimensiones de innovación. Los músicos que se atreven a explorar las profundidades de su imaginación infunden profundidad emocional a sus composiciones, canalizan sus perspectivas únicas en su música y trascienden la mediocridad al tiempo que conectan con su público a un nivel profundo.

Al liberar el potencial ilimitado de su talento musical, superar los límites artísticos y crear composiciones que resuenan en el alma, estos músicos destacan.

La esencia de ganar en la vida es utilizar la creatividad y el pensamiento estratégico para superar a la competencia y alcanzar la victoria. Adoptando enfoques poco convencionales y aprovechando los puntos fuertes de cada uno, podemos destacar en el terreno competitivo.

Cada individuo tiene un conjunto único de talentos, perspectivas y puntos fuertes que pueden aprovecharse para obtener una ventaja competitiva. Al reconocer y cultivar nuestra singularidad, podemos ofrecer una perspectiva fresca que atraiga al público y aproveche ideas e inspiraciones innovadoras.

Pensar con originalidad, desafiar las normas tradicionales y atreverse a innovar pueden dar lugar a momentos de inspiración que nos diferencien positivamente de los demás. Aprovechando diversas fuentes de creatividad, podemos dejar una impresión duradera en el mundo.

Capítulo 10: Aprovechar el poder de las imágenes mentales

Quienes triunfan en la vida piensan en el futuro y planifican de formas mucho más complejas que quienes buscan la victoria por medios sencillos y sin esfuerzo.

Las personas que se anticipan a los retos, planifican cuidadosamente y ajustan sus estrategias en tiempo real se posicionan para el éxito en entornos dinámicos e impredecibles.

Siendo flexibles y proactivos, podemos aprovechar las oportunidades y mitigar los riesgos de forma eficaz, aumentando nuestras posibilidades de ganar en escenarios competitivos. Al dividir las tareas complejas en componentes manejables, establecer objetivos claros y recibir información inmediata sobre el rendimiento, podemos perfeccionar nuestras habilidades de forma eficaz y dar pasos significativos hacia el dominio.

Además, el uso de técnicas de visualización para ensayar mentalmente tareas, simular escenarios y reforzar conceptos de aprendizaje puede aumentar el compromiso cognitivo, mejorar la retención de habilidades y acelerar la transferencia de conocimientos a la aplicación práctica. Al aprovechar el poder de la imaginación mental y el ensayo deliberado, podemos profundizar en nuestra comprensión y acelerar el proceso de aprendizaje en diversos ámbitos.

La imaginación suele percibirse como una fuerza misteriosa que impulsa la innovación, pero también puede malinterpretarse como un rasgo ilusorio que aleja a una persona de la realidad, cuando se necesita exactamente lo contrario para desarrollar una mayor capacidad de explorar ideas exitosas. Al ahondar en las profundidades de los procesos creativos, podemos desvelar los secretos que se esconden tras la enigmática naturaleza de la creatividad y ver que tienen mucho más que ver con una brillantez en el análisis de la realidad más allá de las observaciones del individuo medio.

La fusión de la observación aguda del mundo que nos rodea y la recombinación imaginativa de estas observaciones permite realizar empresas originales y exitosas. Al sintetizar las experiencias, emociones y percepciones cotidianas en conceptos innovadores, podemos aprovechar el manantial de creatividad que llevamos dentro.

Las restricciones, ya sean limitaciones, límites o retos, pueden servir de catalizadores que enciendan la chispa creativa e inspiren soluciones innovadoras. Al replantear las limitaciones como oportunidades para la experimentación, la adaptación y el pensamiento innovador, podemos aprovechar el poder de la creatividad para superar los obstáculos.

La creatividad prospera en el ámbito de la ambigüedad, donde lo desconocido despierta la curiosidad, la imaginación y la exploración de nuevas posibilidades. Al aventurarnos en territorio desconocido, tolerar la ambigüedad y abrazar la belleza de la incertidumbre, podemos cultivar un terreno fértil para avances creativos y nuevos descubrimientos que desafíen las normas y expectativas convencionales.

Explorar la creatividad colaborativa surge como una fuerza transformadora que aprovecha las diversas perspectivas, percepciones y talentos de un grupo para impulsar la innovación. La colaboración fomenta la sinergia de ideas, la polinización cruzada de habilidades y la resolución colectiva de problemas que lleva la producción creativa a nuevas cotas.

Al fomentar una cultura de cooperación, comunicación abierta y respeto mutuo, podemos aprovechar el genio colectivo de un equipo para dar rienda suelta a niveles de creatividad sin precedentes y lograr resultados extraordinarios.

Capítulo 11: Crear un legado

Las personas de éxito son aquellas que se atreven a pensar de forma diferente, desafían las normas convencionales y son pioneras en nuevas ideas que revolucionan sus sectores.

Al fomentar una cultura de la innovación, las personas pueden liberarse de los grilletes de la tradición, explorar territorios inexplorados y forjar caminos únicos que las distinguen como líderes en sus respectivos campos.

Las historias de personas que se han enfrentado a retos financieros y a largos periodos de adversidad, pero que han perseverado con una determinación inquebrantable, sirven de testimonio del poder transformador del compromiso con nuestras creencias. Al mantenerse firmes en sus objetivos, fueron capaces de avanzar con paso firme hacia el éxito deseado.

Las personas de éxito son aquellas que aceptan los retos como oportunidades de crecimiento, establecen objetivos claros y crean estrategias eficaces para afrontar la complejidad y lograr resultados favorables. Al alinear la visión con la acción, reducen los riesgos, aprovechan las oportunidades e impulsan el éxito mediante una toma de decisiones informada y una ejecución estratégica.

El paisaje en constante cambio del mundo moderno exige que permanezcamos abiertos y receptivos a las nuevas ideas y tendencias emergentes. Si buscamos oportunidades para aprender y adaptarnos a las circunstancias cambiantes, podremos mantenernos a la vanguardia, innovar con eficacia y mantener el éxito a largo plazo en entornos dinámicos.

Este éxito no siempre requiere el tipo de trabajo que muchos suponen, pero la mayoría de la gente tiene una percepción muy pobre de lo que es realmente el trabajo, confundiendo perder el tiempo con ser productivo en algo. Muchas personas utilizan la frase "estoy ocupado" cuando simplemente están perdiendo el tiempo.

El trabajo es un espectro que incluye el trabajo físico, el esfuerzo mental y la toma de decisiones estratégicas, y cada práctica requiere habilidades y compromisos únicos. Pero los sentimientos hacia el trabajo varían mucho de un individuo a otro: algunos encuentran satisfacción en el trabajo manual, otros en las actividades intelectuales y otros en los esfuerzos creativos.

La dicotomía entre trabajo físico y esfuerzo mental ofrece una comprensión diferenciada de las prácticas laborales en los distintos sectores y profesiones. Mientras que algunos se sienten realizados en tareas manuales que implican al cuerpo, otros encuentran sentido en el esfuerzo mental, el pensamiento estratégico y las funciones de toma de decisiones que requieren perspicacia intelectual y liderazgo visionario.

Algunos se dedican a largas jornadas de trabajo impulsados por la pasión y la creatividad, dedicándose incansablemente a la expresión artística, la escritura u otras formas de esfuerzo creativo, mientras que otros luchan contra las exigencias y restricciones impuestas por las estructuras laborales tradicionales y buscan vías alternativas de realización y autonomía.

El legado perdurable del trabajo duro trasciende el mero trabajo y la productividad para abarcar un espectro de experiencias, percepciones y actitudes hacia el trabajo que conforman los destinos individuales y definen la esencia de la realización personal.

Reconociendo las diversas expresiones del trabajo, valorando la naturaleza subjetiva de la satisfacción laboral y honrando el poder transformador de la dedicación frente a los retos, podemos forjar un legado basado en una ocupación que se ajuste a nuestro estado de ánimo ideal.

El éxito es una mezcla armoniosa de talento, compromiso, adaptabilidad y compromiso estratégico. Al encarnar un compromiso inquebrantable, abrazar el aprendizaje continuo, mantenernos fieles a nuestra visión y aprovechar las oportunidades de crecimiento y colaboración, podemos sortear las complejidades de la competencia empresarial, perfeccionar nuestra capacidad de innovación y crear un camino hacia el éxito que refleje nuestra singularidad y resuene en los demás.

Capítulo 12: Aceptar el fracaso

Es más fácil tener éxito después de fracasar si no tenemos miedo de cambiar nuestra forma de pensar sobre nosotros mismos.

Cuando volvemos a empezar, tenemos que redefinir nuestros objetivos, aprender de las experiencias pasadas y reorientar nuestros esfuerzos hacia nuevas oportunidades.

Quejarse del pasado actúa como un obstáculo para el progreso, dificultando la capacidad de aprovechar nuevas oportunidades y crecer a partir de los reveses.

Las personas que reforman persistentemente sus planteamientos y paradigmas ante nuevos retos demuestran una resiliencia que les impulsa hacia sus objetivos.

La adaptación constante, el aprendizaje continuo y la negativa a rendirse desempeñan un papel fundamental a la hora de navegar por las complejidades de la vida. Los ganadores se sumergen en la búsqueda de la victoria, visualizando el éxito e ignorando las distracciones, mientras que los perdedores flaquean bajo el peso de las preocupaciones externas, las dudas y el enfoque disperso.

El camino hacia el éxito está pavimentado con un compromiso de aprendizaje continuo y adaptabilidad. Si nos mantenemos ágiles, abiertos a nuevas ideas y receptivos a las oportunidades de crecimiento, podremos innovar con eficacia y mantener la excelencia a largo plazo en nuestros esfuerzos.

Ser verdaderamente sabio es reconocer tu poder interior y canalizarlo hacia la acción iluminada. Gracias a la sabiduría, se adquiere la perspicacia necesaria para tomar decisiones con conocimiento de causa, el discernimiento para ver más allá de la superficie y la humildad para seguir aprendiendo y evolucionando.

El camino hacia la sabiduría y el empoderamiento es una búsqueda permanente que requiere introspección y una profunda conexión con los valores fundamentales de cada uno.

A través de la exploración introspectiva y el compromiso con el desarrollo personal, podemos abrir las puertas a la sabiduría y el empoderamiento, creando un camino hacia una existencia más satisfactoria e impactante.

En esencia, comprender la sabiduría y el empoderamiento es un viaje profundo y transformador que requiere humildad y autoconocimiento.

Aunque comprender la esencia de la vida requiere bucear en las profundidades de nuestra propia conciencia y creencias, conocerse a uno mismo es fundamental para dominar la propia realidad.

La superación personal y el crecimiento personal están estrechamente relacionados con nuestra capacidad para evolucionar y convertirnos en mejores versiones de nosotros mismos. Cada elección que hacemos moldea nuestro camino e influye en la persona en la que nos convertimos, por eso es importante tomar decisiones conscientes y ser conscientes de nuestros actos.

Una forma de desarrollar esta habilidad es a través de la meditación. La meditación es una herramienta excelente para alinear tus pensamientos con tu alma, lo que promueve una comprensión más profunda de ti mismo y del mundo.

La verdadera transformación comienza de dentro hacia fuera, a través de la comprensión y la aceptación de uno mismo a un nivel más profundo.

Nuestro enfoque holístico del crecimiento debe abarcar los aspectos mentales, emocionales y espirituales del ser. Cultivando un estado de autoconciencia y la voluntad de evolucionar, podemos embarcarnos en un profundo viaje de autodescubrimiento y desarrollo personal que, en última instancia, nos conducirá al éxito.

Capítulo 13: Dar prioridad a la conexión emocional

La esencia de la superación de retos reside en comprender que la adversidad no se creó para quebrarnos, sino para moldearnos y convertirnos en individuos más fuertes.

El verdadero crecimiento proviene de atravesar las dificultades con una determinación inquebrantable y una actitud positiva. Nuestra mentalidad desempeña un papel clave en la superación de obstáculos, por lo que una perspectiva positiva puede allanar el camino hacia soluciones innovadoras y avances inesperados.

Debemos cultivar una fe inquebrantable en nuestra capacidad para superar los retos, por desalentadores que parezcan, y podemos hacerlo mediante la introspección durante los momentos de dificultad para obtener valiosas percepciones.

Cada contratiempo es un peldaño hacia el éxito final, lo que significa que aprender de los fracasos, adaptarse a las circunstancias cambiantes y mantener un compromiso inquebrantable con el crecimiento personal y la superación personal son actitudes esenciales para alcanzar el éxito.

Debemos mantener siempre la esperanza en todas las circunstancias, por desesperadas que parezcan.

Visualizar nuestros deseos y aspiraciones más íntimos alimenta nuestra capacidad de sentir esperanza. Al alinear los objetivos personales con un sentido claro del propósito y una visión convincente, nos mantenemos centrados en nuestras aspiraciones y superamos los retos con resistencia y determinación.

Al igual que la búsqueda de pareja, la búsqueda de nuestra vida ideal requiere que prioricemos la conexión emocional y la compatibilidad intelectual sobre las características superficiales o la validación social. La confianza, el respeto y la empatía para superar retos y fomentar relaciones armoniosas son tan importantes en el trato con los demás como con nosotros mismos.

Debemos ahondar en nuestros sentimientos, creencias y vulnerabilidades, reconociendo que el amor auténtico por nosotros mismos o por otra persona requiere honestidad, empatía y voluntad de crecer y evolucionar.

El amor, cuando se nutre de cuidado y comprensión, tiene el poder de aportar alegría, plenitud y sentido de pertenencia a nuestras vidas, y es importante que lo sintamos tanto en nuestro trabajo como en una pareja.

Alinear la conciencia con las verdades superiores y el amor nos acerca a nuestra vida ideal, al tiempo que reorganiza el tejido de la realidad para ayudarnos en el camino. Estos elementos, cuando se combinan, pueden acelerar la realización de cualquier manifestación.

Deberíamos aceptar los momentos de soledad y contemplación como oportunidades para el crecimiento espiritual y el autodescubrimiento, y dejar ir los deseos y apegos impulsados por el ego en la búsqueda de la iluminación espiritual.

Las creencias, actitudes y perspectivas crean los cimientos sobre los que se construye una vida de éxito. Explorar la verdadera identidad es un proceso de liberación de las normas sociales, los condicionamientos culturales y las influencias externas que a menudo oscurecen el sentido de uno mismo.

Debemos liberarnos de los apegos que limitan la autoexpresión e impiden la realización de nuestra auténtica naturaleza, al tiempo que trascendemos las etiquetas, los papeles y las expectativas impuestas por la sociedad.

Al alinearnos con las verdades superiores y emprender el viaje de la evolución espiritual, podemos encontrar sentido y propósito a nuestras adversidades.

La verdadera realización proviene de vivir en consonancia con nuestros valores y pasiones, en lugar de buscar la validación o la aprobación externas. Al soltar los apegos a las circunstancias externas y abrazar la belleza de la vida, podemos encontrar una profunda satisfacción y plenitud.

Capítulo 14: Cultivar el bienestar mental

Abrazar nuevas experiencias nos permite descubrir nuestra verdadera esencia y vivir vidas más auténticas y plenas, incluso ante la adversidad, pero para ello necesitamos liberarnos de cargas emocionales, viejos patrones y limitaciones autoimpuestas.

Con voluntad de evolucionar, podemos embarcarnos en un viaje transformador hacia una existencia más enriquecedora, pero para ello necesitamos fe que ilumine el camino a través de las pruebas y tribulaciones de la vida.

La fe no es sólo un concepto religioso, sino un profundo conocimiento interior que proporciona consuelo ante los retos. La fe nos permite navegar por las incertidumbres de la vida con confianza en el desarrollo más amplio del destino.

A través de la lente de la fe, podemos superar la duda y abrazar lo desconocido con el corazón y la mente abiertos.

La fe también nos ayuda a desarrollar la voluntad de profundizar en nuestro propio ser, afrontar los miedos, abrazar la vulnerabilidad y descubrir las verdades ocultas que yacen en nuestro interior.

Aceptar la propia singularidad sin juicios ni autocrítica ofrece una perspectiva transformadora en el camino hacia el descubrimiento de la verdadera esencia y nos conecta con la chispa divina interior que conduce a la plenitud espiritual.

Esta perspectiva optimista puede reforzarse mediante afirmaciones positivas diarias. Mediante las afirmaciones, la autoconversación positiva y la autocompasión, podemos aumentar nuestra autoestima, confianza y sensación general de bienestar. Cultivar el amor propio nos permite fomentar un diálogo interno positivo y optimista.

La verdadera liberación proviene de despojarse de las capas de condicionamiento, miedo e inseguridad para revelar el poder y la sabiduría interiores. La verdadera libertad es el compromiso de vivir con autenticidad y determinación.

Esta autenticidad se construye a través de una mayor autoconciencia o comprensión de la propia mente e implica reconocer y entender los patrones de pensamiento, las emociones y los desencadenantes.

A través de la introspección, podemos identificar ciclos de pensamientos negativos, comportamientos de autosabotaje y creencias inconscientes que pueden estar frenándonos.

A través de la autoconciencia, podemos tomar el control de nuestra narrativa interna y cambiar a una mentalidad más empoderadora y positiva.

El poder del control mental va más allá del nivel individual y se extiende a la dinámica interpersonal y la influencia social. Si comprendemos los principios de la persuasión, la comunicación y la influencia, podremos desenvolvernos con eficacia en las interacciones sociales, persuadir a los demás y establecer una buena relación.

Ya sea en las relaciones personales, en entornos profesionales o en discursos públicos, dominar el arte de la comunicación y la persuasión puede conducir a un mayor éxito e impacto.

Practicar el control mental también implica gestionar las influencias externas y los factores ambientales que pueden afectar al estado mental de una persona. Creando un entorno propicio, practicando el autocuidado y rodeándonos de influencias positivas, podemos cultivar el optimismo y la claridad mental.

Este enfoque proactivo del bienestar mental puede ayudarnos a protegernos de las influencias negativas y a mejorar nuestra capacidad para mantener la concentración y la motivación.

Capítulo 15: Abrazar el minimalismo

Simplificar la vida para alcanzar el éxito no es simplemente una cuestión de organizar las posesiones materiales o minimizar las tareas diarias; es una reorientación profunda hacia la priorización de lo que es realmente importante y la alineación de todos los aspectos de nuestra vida con nuestros valores y objetivos fundamentales.

En la búsqueda del éxito, la sencillez sirve como principio rector que nos permite centrarnos en lo esencial, eliminar distracciones y crear un equilibrio armonioso entre el trabajo, el crecimiento personal y el bienestar general.

La simplicidad es el arte de eliminar el ruido de la vida moderna y destilar la existencia en su forma más pura. Al simplificar nuestro entorno, rutinas y compromisos, podemos crear espacio para la claridad y la creatividad.

En un mundo impulsado por el consumismo y el exceso de materiales, la práctica del minimalismo se convierte en un acto revolucionario.

Implica elegir conscientemente la calidad frente a la cantidad, las experiencias frente a las posesiones y el consumo consciente frente a la acumulación irracional.

Al organizar los espacios físicos y reducir las dependencias materiales, podemos experimentar una profunda sensación de liberación, claridad y satisfacción que promueve un estilo de vida más sostenible y satisfactorio.

Una mente desordenada es una barrera para el éxito, ya que obstaculiza la creatividad, la productividad y la claridad mental. Mediante la atención plena y las prácticas de meditación, podemos despejar nuestra mente de pensamientos negativos, distracciones y ruido mental.

Esta simplicidad interna permite una mayor concentración y la capacidad de tomar decisiones claras en consonancia con los objetivos a largo plazo.

Fijar límites, establecer rutinas y dedicar tiempo al autocuidado y la relajación son componentes esenciales para mantener el equilibrio y evitar el agotamiento.

Vivir intencionadamente implica tomar decisiones conscientes que estén en consonancia con nuestras aspiraciones y nuestra visión a largo plazo.

A través de la introspección, podemos explorar las profundidades de nuestros miedos, cultivar la fuerza interior y salir fortalecidos para afrontar los retos de la vida con resiliencia y valentía.

Al explorar la naturaleza del miedo y reconocer su impacto en los pensamientos, las emociones y el comportamiento, podemos empezar a desentrañar sus garras y comprender los desencadenantes subyacentes que generan sentimientos de ansiedad y aprensión.

Mediante una autoevaluación e introspección honestas, podemos cuestionar las percepciones negativas de nosotros mismos y cultivar una mentalidad de resiliencia.

Al replantear la percepción del miedo como una oportunidad de crecimiento y aprendizaje, podemos salir de nuestra zona de confort, asumir riesgos calculados y aceptar la incertidumbre con optimismo.

La atención plena y la aceptación son herramientas poderosas en el camino hacia la superación del miedo y la búsqueda del valor. Al cultivar la conciencia del momento presente y aceptar las cosas como son, sin juzgarlas, podemos reducir la ansiedad, calmar la mente y aumentar nuestra capacidad de responder a los retos con claridad y serenidad.

Mediante prácticas de atención plena como la meditación, las técnicas de respiración y la conciencia corporal, podemos desarrollar una sensación de paz interior y ecuanimidad que refuerce nuestra resistencia frente al miedo.

Al aceptar la vulnerabilidad y reconocer nuestros miedos e imperfecciones, podemos fomentar conexiones más profundas con nosotros mismos y con los demás, afrontar la adversidad y salir de ella más fuertes y resilientes que antes.

Capítulo 16: Construir los cimientos de la abundancia

La mayoría de las dificultades que tienen las personas para reconocer su verdadero yo provienen de las ilusiones del mundo, porque la mayor parte de lo que percibimos como verdad no siempre se corresponde con la realidad objetiva. Para la mayoría de las personas, la realidad está moldeada por las creencias y experiencias individuales y luego filtrada a través de la lente de su pasado, razón por la cual las creencias y experiencias personales pueden influir en la forma en que interpretamos la realidad.

Al reconocer las limitaciones del conocimiento humano y la influencia de las normas sociales, podemos empezar a desentrañar las ilusiones que oscurecen nuestra comprensión de la verdad.

También debemos estar dispuestos a explorar, experimentar y observar para descubrir las verdades más profundas que yacen más allá de la superficie. Si adoptamos la curiosidad, la humildad y una mente abierta, podremos ir más allá de la ilusión del conocimiento y descubrir verdades más profundas.

Este conocimiento oculto yace bajo la superficie de nuestras experiencias cotidianas.

Cuestionando las normas de la sociedad, desafiando las creencias establecidas y buscando respuestas más allá de los límites de la sabiduría convencional, podemos empezar a acceder a un nivel de comprensión más profundo que trasciende la ilusión del conocimiento.

A través de la introspección, la observación y la voluntad de abrazar lo desconocido, podemos liberarnos de las restricciones de las creencias limitadas y explorar el potencial ilimitado de la mente humana.

Al reconocer los límites de la comprensión humana y la falibilidad del conocimiento, y al estar dispuestos a cuestionar y reevaluar lo que creemos saber, podemos acceder a una fuente superior de sabiduría y perspicacia.

Abrazando la incertidumbre y buscando la sabiduría más allá de los límites del conocimiento convencional, podemos acercarnos a una comprensión más profunda de nuestra realidad y desentrañar los misterios que yacen en el corazón de la existencia humana.

El aprendizaje continuo y la búsqueda de nuevas oportunidades de crecimiento y desarrollo pueden posicionarnos para el éxito y la realización en diversos aspectos de la vida. Pero aunque planificar un futuro seguro es fundamental, es igualmente importante equilibrar el disfrute del presente con la planificación del futuro.

Cultivar las relaciones, dedicarse a aficiones y disfrutar de los placeres sencillos de la vida puede generar un sentimiento de plenitud que enriquecerá el camino hacia un futuro próspero.

Planificar un futuro seguro requiere un enfoque polifacético que integre la estabilidad financiera, el crecimiento personal, la resiliencia emocional y la previsión estratégica.

Fijando objetivos claros, desarrollando la resiliencia, participando en una planificación financiera estratégica, fomentando una mentalidad de crecimiento y equilibrando el disfrute actual con la preparación para el futuro, podemos sentar las bases de un futuro de abundancia en todos los ámbitos de la vida.

La resistencia al cambio puede conducir a la pérdida de oportunidades y al estancamiento en el desarrollo personal, razón por la cual la transformación es sacrificada por naturaleza, ya que necesitamos despojarnos de viejas identidades para allanar el camino al crecimiento y la autorrealización.

Al aceptar el cambio como catalizador del crecimiento personal y la autorrealización, podemos embarcarnos en un viaje transformador que nos conduzca a una visión profunda y a la realización de nuestro verdadero potencial.

Capítulo 17: Expandir la conciencia

Explorar diversas perspectivas es como embarcarse en un viaje polifacético de expansión intelectual y comprensión empática. Es una puerta de entrada a percepciones profundas, interacciones enriquecedoras y una comprensión más profunda del mundo y de uno mismo.

La asimilación de diversas perspectivas reduce la necesidad de una conceptualización rígida y permite una visión más amplia de la verdad.

Al reconocer los cambios sutiles en las frecuencias emocionales y alinearlas con percepciones más profundas, podemos alcanzar un nivel superior de conciencia, donde se revelan los significados de la vida y los cambios alquímicos transformadores.

A través del autoexamen, es posible navegar por la interacción entre las creencias personales y las influencias externas para moldear una perspectiva más auténtica e iluminada de la vida.

También es a través de la observación de las distintas etapas de desarrollo como comprendemos la naturaleza de las ilusiones y las posibilidades ocultas que pueden esconder.

Existe una interacción dinámica entre los retos y las oportunidades que a menudo oculta las mejores experiencias tras las peores, razón por la cual muchas personas han utilizado la adversidad como trampolín para el crecimiento.

La esencia de encontrar oportunidades en la adversidad reside en la profunda constatación de que los retos no son obstáculos, sino peldaños para la evolución personal.

En cada reto hay una oportunidad y en cada dificultad está la semilla del crecimiento y la transformación.

Abrazando la adversidad con un corazón abierto y un espíritu resiliente, podemos aprovechar las oportunidades latentes que nos aguardan en medio de las tormentas de la vida y emerger más sabios.

Esta interconexión de creencias individuales, influencias sociales y autoconciencia está intrínsecamente entretejida en el tejido de la vida, por lo que al fomentar una comprensión más profunda de la experiencia y la complejidad humanas, podemos afrontar mejor los retos que se nos presenten.

Adoptar diversas perspectivas, desarrollar habilidades de pensamiento crítico y un espíritu resiliente a la hora de navegar por las complejidades de la vida son cualidades esenciales para expandir la conciencia y embarcarse en un viaje de empoderamiento personal y conexión que aporte un mayor significado a nuestra existencia.

Capítulo 18: Encontrar la luz en la oscuridad

Cuando emprendas el viaje de tu vida, deja que estos poemas te guíen. Iluminarán tu camino con sabiduría e inspiración:

Poema A: El ritmo de lo invisible

En el abrazo de la incertidumbre

Donde a menudo se pierden las melodías de la vida,

reina la confusión, un juego caótico,

Sin embargo, las emociones poéticas permanecen en el corazón.

Fe, amor, conciencia, una verdadera trinidad,

Las claves para abrir la visión de la vida,

Cree en ti mismo, en todo lo que buscas,

A través del dolor y la alegría, permanece en la virtud.

La esencia del ser, El núcleo tan brillante,

En medio de pérdidas, elecciones, la sabiduría toma vuelo,

La esperanza en la fe, en la esperanza, tan cierta,

En el reino de la luz, hay poder infinito.

Vela de la existencia, una llama parpadeante,

Ilumina la oscuridad, extingue la vergüenza,

Encuentra la dulzura interior, no sólo la gloria,

En las raíces, en los frutos, la esencia del juego.

Ten fe en lo invisible, en lo desconocido,

Ámate a pesar de las semillas que has sembrado,

Sé consciente de tu espíritu que ha crecido,

En la esencia de la verdad, no estás solo.

Sé la luz, la dulzura que buscas,

En la danza de la vida, humilde y gentil,

Renueva tus raíces, encuentra la fuerza que buscas,

En la verdad de cada momento, un futuro único.

En el silencio, encuentra tu paz,

Guiado por el amor, deja que tus alegrías aumenten,

Deja ir el miedo, deja que el amor nunca termine,

En el ritmo poético, encuentra tu liberación.

Así que recuerda, en medio de la grandeza de la vida,

Con cada vuelta de página, un contenido oculto,

Abraza el viaje, el éxito que haces,

En la esencia de la verdad, en cada transmisor.

Poema B: Susurros de lo desconocido

Donde los caminos serpentean, velados en bruma,

Y la duda susurra su inquietante encuentro,

Una sinfonía de emociones perdura,

Sin embargo, la belleza permanece, un corazón gentil insiste.

Fe, amor y sabiduría, una estrella guía,

Revelando el tapiz, cerca y lejos,

Abraza tu potencial, dondequiera que estés,

A través del triunfo y el dolor, una cicatriz guía.

En el fondo, arde un fuego brillante,

En momentos de pérdida, vuelve la resiliencia,

La brasa de la esperanza parpadea, una lección que ganas,

Fortalecido por la luz, donde tu espíritu anhela.

Una llama parpadeante, una vela en alto,

Persiguiendo sombras, alcanzando el cielo,

Buscando no sólo triunfos, sino lecciones por venir,

En raíces y flores, donde yace el propósito.

Confía en los susurros, en la mano invisible,

Ámate a ti mismo con fiereza, dondequiera que tomes una posición,

Despierta tu espíritu, expándete para siempre,

En la inmensidad de la verdad, por siempre resistirás.

Sé la luz, la dulzura que deseas,

En la vibrante danza de la vida, un consuelo tejes,

Cultiva tus raíces, donde se concibe la fuerza,

En cada momento fugaz, un destino reclamado.

En la quietud, encuentra consuelo, un susurro tan puro,

Deja que el amor sea tu brújula, persevera siempre,

Libera todo miedo, deja que la alegría madure,

En el ritmo de la vida, encuentra tu cura perfecta.

Así que recuerda, alma querida, mientras vagas,

Cada giro y vuelta te susurra de vuelta a casa,

Abraza la aventura, haz tu propia cúpula,

En la esencia de la verdad, encuentra para siempre la tuya.

Poema C: El ritmo oculto del corazón

En las brumas de la duda, a menudo nos extraviamos,

Una canción discordante donde las melodías se desvanecen.

Sin embargo, la belleza permanece, una chispa que no se apaga,

Un ritmo oculto al que obedecerá la brújula del corazón.

Fe, amor y sabiduría, una luz que guía,

Desenreda el tapiz, tejido oscuro y brillante.

Cree en tu espíritu, mantenlo siempre firme,

A través del triunfo y la pena, deja que tu virtud se encienda.

En lo profundo de ti, un fuego arde tan brillante,

Cuando surgen elecciones, la sabiduría toma el control.

La brasa de la esperanza parpadea, una historia aún no contada,

Con el poder de la luz, se revela tu propósito.

Una vela parpadeante, elevada en lo alto de la noche,

Persiguiendo las sombras, buscando la luz.

No busques sólo triunfos, sino lecciones que enciendan,

En raíces y flores, donde el propósito toma vuelo.

Confía en los susurros, en la mano invisible,

Ámate ferozmente, allí donde estés.

Despierta tu espíritu, expándete para siempre,

En la inmensidad de la verdad, resiste para siempre.

Sé la luz, el consuelo que deseas,

En la vibrante danza de la vida, una grácil ola.

Cultiva tus raíces, donde la fuerza es valiente,

En cada momento fugaz, un destino allanas.

En la quietud, encuentra consuelo, un susurro tan puro,

Deja que el amor sea tu brújula, para siempre duradera.

Libera todo miedo, deja que la alegría siempre esté a salvo,

En el ritmo de la vida, encuentra tu cura perfecta.

Así que recuerda, querido viajero, en este camino sinuoso,

Cada giro y vuelta susurra un código oculto.

Abraza la aventura, la historia no contada,

En la esencia de la verdad, encuentra para siempre tu propio atrevimiento.

Poema D: Encontrar la armonía en medio del caos

En la danza de la vida, donde oscilan las incertidumbres,

Donde las dudas se arrastran y tratan de llevarnos por mal camino,

En medio del caos, la confusión y el desorden,

Encuentra el ritmo oculto, deja que tu corazón obedezca.

Fe, amor y sabiduría, una luz guía tan verdadera,

Desvela los secretos de la vida, trae claridad de visión,

Cree en ti mismo, en todo lo que buscas,

En el dolor y en la alegría, deja que brillen tus virtudes.

Dentro de ti, un fuego arde brillante y audaz,

En los momentos de pérdida, deja que la sabiduría se apodere de ti,

La brasa de la esperanza parpadea, una historia aún no contada,

Con la fuerza de tu luz, se revela tu propósito.

Sé la luz, la dulzura que buscas,

En la vibrante danza de la vida, humilde y manso,

Cultiva tus raíces, encuentra la fuerza que buscas,

En cada momento vivido, un futuro único.

En la quietud, encuentra consuelo, un susurro tan puro,

Deja que el amor te guíe, haz que tus alegrías perduren,

Libera todos los miedos, deja que el amor te asegure para siempre,

En el ritmo de la vida, encuentra tu cura perfecta.

Así que recuerda, en medio de la grandeza de la gran danza de la vida,

En cada giro, dale una oportunidad al destino,

Abraza el viaje, adopta una postura valiente,

En la esencia de la verdad, encuentra tu propia extensión vibrante.

Capítulo 19: Aceptar la intervención divina

Esta oración sirve de puente entre las enseñanzas de este libro y la presencia divina que nos rodea. Es una invitación a buscar valor, fuerza y claridad a través del abrazo amoroso de un poder superior. Que con cada palabra encuentres consuelo en el reflejo del amor y la luz infinitos, y que tu espíritu se eleve mientras afrontas los retos de la vida con fe y humildad. Abraza este momento sagrado abriendo tu corazón al poder transformador de la oración y la intervención divina.

"Divino Creador

Que en el espejo de mi alma pueda ver el reflejo de Tu infinito amor y luz,

Concédeme el valor de dirigirme a mí mismo palabras de aliento y compasión,

Abrazando la fe como la clave para amarme y creer en mí mismo como Tú lo haces.

Guíame a abrazar la honestidad al reconocer mis debilidades y necesidades, neutralidad al aceptar Tu voluntad y humildad al rendirme a Tu plan divino.

Ayúdame a confiar en el poder de la oración,

sabiendo que Tú escuchas mis deseos y aspiraciones más profundos.

Guíame por el camino de la abundancia y la prosperidad,

donde la sabiduría y el valor se entrelazan y la inspiración alimenta mis acciones.

Permíteme encontrar la belleza en medio de los desafíos

y aprenda a apreciar las bendiciones de cada momento.

Perdona mis faltas, mis traiciones y mis pensamientos negativos,

como yo perdono a quienes me han hecho daño.

Dame la fuerza para superar las tentaciones

para vivir conscientemente y según Tu divina guía.

Que pueda caminar con confianza, guiado por Tu sabiduría y amor,

abrazando la transformación y el crecimiento a cada paso que doy,

Y que mi vida sea un testimonio del poder de la fe,

la oración y la intervención divina.

Amén".

Solicitud de Reseña de Libro

Estimado lector,

Gracias por comprar este libro. Me encantaría tener noticias suyas. Escribir una reseña de un libro nos ayuda a entender a nuestros lectores y también influye en las decisiones de compra de otros lectores. Su opinión es importante. Por favor, escriba una reseña del libro. Agradecemos su amabilidad.

Sobre el autor

Dan Desmarques es un autor de renombre con una notable trayectoria en el mundo literario. Con una impresionante cartera de 28 bestsellers en Amazon, entre ellos ocho números 1, Dan es una figura respetada en el sector. Gracias a su formación como profesor universitario de escritura académica y creativa, así como a su experiencia como consultor empresarial experimentado, Dan aporta una combinación única de conocimientos a su trabajo. Sus profundas ideas y su contenido transformador atraen a un amplio público y abarcan temas tan diversos como el crecimiento personal, el éxito, la espiritualidad y el sentido profundo de la vida. A través de sus escritos, Dan anima a los lectores a liberarse de sus limitaciones, dar rienda suelta a su potencial interior y embarcarse en un viaje de autodescubrimiento y transformación. En un mercado tan competitivo como el de la autoayuda, el excepcional talento de Dan y sus inspiradoras historias lo convierten en un autor sobresaliente, que motiva a los lectores a interesarse por sus libros y emprender un camino de crecimiento personal e iluminación.

También escrito por el autor

1. 66 Days to Change Your Life: 12 Steps to Effortlessly Remove Mental Blocks, Reprogram Your Brain and Become a Money Magnet

2. A New Way of Being: How to Rewire Your Brain and Take Control of Your Life

3. Abnormal: How to Train Yourself to Think Differently and Permanently Overcome Evil Thoughts

4. Alignment: The Process of Transmutation Within the Mechanics of Life

5. Audacity: How to Make Fast and Efficient Decisions in Any Situation

6. Christ Cult Codex: The Untold Secrets of the Abrahamic Religions and the Cult of Jesus

7. Codex Illuminatus: Quotes & Sayings of Dan

8. Collective Consciousness: How to Transcend Mass Consciousness and Become One With the Universe

9. Creativity: Everything You Always Wanted to Know About How to Use Your Imagination to Create Original Art That People Admire

10. Deception: When Everything You Know about God is Wrong

11. Demigod: What Happens When You Transcend The Human Nature?

12. Discernment: How Do Your Emotions Affect Moral Decision-Making?

13. Eclipsing Mediocrity: How to Unveil Hidden Realities and Master Life's Challenges

14. Fearless: Powerful Ways to Get Abundance Flowing into Your Life

15. Feel, Think and Grow Rich: 4 Elements to Attract Success in Life

16. Find Your Flow: How to Get Wisdom and Knowledge from God

17. Holistic Psychology: 77 Secrets about the Mind That They Don't Want You to Know

Wrong

40. The Game of Life and How to Play It: How to Get Anything You Want in Life

41. The Hidden Language of God: How to Find a Balance Between Freedom and Responsibility

42. The Most Powerful Quotes: 400 Motivational Quotes and Sayings

43. The Secret Beliefs of The Illuminati: The Complete Truth About Manifesting Money Using The Law of Attraction That is Being Hidden From You

44. The Secret Empire: The Hidden Truth Behind the Power Elite and the Knights of the New World Order

45. The Secret Science of the Soul: How to Transcend Common Sense and Get What You Really Want From Life

46. The Spiritual Laws of Money: The 31 Best-kept Secrets to Life-long Abundance

47. The Spiritual Mechanics of Love: Secrets They Don't Want You to Know about Understanding and Processing Emotions

48. Unacknowledged: How Negative Emotions Affect Your Mental Health?

49. Unapologetic: Taking Control of Your Mind for a Happier and Healthier Life

50. Uncommon: Transcending the Lies of the Mental Health Industry

51. Unlocked: How to Get Answers from Your Subconscious Mind and Control Your Life

52. Your Full Potential: How to Overcome Fear and Solve Any Problem

53. Your Soul Purpose: Reincarnation and the Spectrum of Consciousness in Human Evolution

Acerca del editor

Este libro fue publicado por 22 Lions Publishing.

www.22Lions.com

Printed in the USA
CPSIA information can be obtained
at www.ICGtesting.com
CBHW051232151124
17428CB00006B/846